EDUCACIÓN | Niños de 3 a 7 | **EMOCIONAL**

¡No apagues la luz!

Cómo tratar el miedo y la inseguridad

Heike Baum

ONIRO

Título original: *Lässt du das Licht an?*
Publicado en alemán por Kösel-Verlag GmbH & Co., München

Traducción de J. A. Bravo

Diseño de cubierta: Valerio Viano

Ilustraciones del interior: Stefanie Scharnberg

Distribución exclusiva:
Ediciones Paidós Ibérica, S.A.
Mariano Cubí 92 - 08021 Barcelona - España
Editorial Paidós, S.A.I.C.F.
Defensa 599 - 1065 Buenos Aires - Argentina
Editorial Paidós Mexicana, S.A.
Rubén Darío 118, col. Moderna - 03510 México D.F. - México

© 2003 by Kösel-Verlag GmbH & Co., München

© 2004 exclusivo de todas las ediciones en lengua española:
Ediciones Oniro, S.A.
Muntaner 261, 3.º 2.ª - 08021 Barcelona - España
(oniro@edicionesoniro.com - www.edicionesoniro.com)

ISBN: 84-9754-127-8
Depósito legal: B-31.184-2004

Impreso en Hurope, S.L.
Lima, 3 bis - 08030 Barcelona

Impreso en España - *Printed in Spain*

Índice

Prólogo

Queridas lectoras y lectores:

El miedo es uno de los sentimientos más básicos de los humanos. Sus efectos tanto emocionales como físicos son intensos. Hay situaciones en las que uno tiene miedo sin ser consciente de ello. Se le disfraza de cólera o de pena, o se emprende la fuga hacia delante. A menudo, esos mecanismos de defensa son necesarios para que el miedo no se apodere de uno, que no embargue, que no prive de recursos para actuar. En ocasiones, el miedo es paralizante. Para evitar eso, hay que enfrentarse a él, ¡es necesario vivirlo activamente y hasta el final!

En los primeros años de la vida, los niños viven muchos miedos, racionales o irracionales. Forman parte de la evolución. Obviamente, los adultos desean protegerlos y que no pasen por esas experiencias desagradables. Aquí es donde se debería tratar de cambiar la perspectiva. Reconocer los temores de los hijos y estar a su lado mientras los encaran supone una gran oportunidad. Nunca en la vida volverán a hallarse tan protegidos como durante sus siete primeros años. Entonces, la cercanía constante de las figuras de referencia, el entorno protector que proporciona la familia, permiten resolver positivamente las situaciones angustiosas. Con ese apoyo y esa compañía, ellos tienen la posibilidad de encarar el miedo, experimentar lo que es y persuadirse de que nunca deja de ser pasajero. De este modo irán ensayando las estrategias de acción que apoyan y ayudan en tales situaciones.

A fin de superar el miedo, el niño desarrolla confianza en sí mismo, confianza en los personajes de referencia, en el mundo. Pero lo que se desarrolla sobre todo es la fe en las indicaciones que le suministra su propia emotividad. Por ese motivo, conviene prescindir de expresiones como «no tengas miedo, que no hay motivo» y preferir esta otra línea: «¿Qué es lo que te da miedo? Dime lo que sientes, y juntos pensaremos cómo enfrentarlo». En tal sentido trata de ayudar este libro.

Que no falte el valor para abordar las situaciones angustiosas (y no sólo las de los niños) es el cordial deseo de la autora.

Heike Baum

Plantar cara al miedo

En qué pueden ayudar al niño los adultos

El miedo siempre aparece en la intersección del cambio. Algo termina o va a terminar. Al mismo tiempo, comienza algo nuevo. Lo que origina la angustia es la inseguridad ante la perspectiva de perder algo que le es familiar a uno y no saber qué viene a reemplazarlo. Para el niño, una de las mayores amenazas es la pérdida del cariño de los padres. El miedo a ser abandonado es uno de los temores más primitivos. A medida que crecen, los niños comprueban que ese fantasma no se realiza, y eso los conforta a un nivel muy elemental.

El miedo tiene siempre un trasfondo real. El adulto, en tanto que mero espectador, a veces no capta ese trasfondo y entonces los temores infantiles le parecen totalmente exagerados, irreales y tal vez inoportunos. Lo conveniente en estos casos es tomar en serio tales sentimientos y transmitir al niño dos mensajes: que se le sigue aceptando y queriendo cualesquiera que sean sus sentimientos y que se estará a su lado mientras se enfrenta al miedo. Si lo ignoramos, o tratamos de restarle importancia, o incluso le reprendemos, cuando se presente otra situación similar no habremos conseguido sino reforzar su espanto, se le habrá enseñado al pequeño que no hay ningún modelo de comportamiento viable para superar el miedo.

¿Es que el miedo «no se lleva»?

En efecto, es un sentimiento que tiene escasa aceptación en nuestra sociedad. Hoy se exige decisión, ser «echao pa'lante». Triunfan los audaces, los dispuestos a correr algún riesgo. Parece que el miedo y la capacidad de realización se excluyen mutuamente. Lo cierto es que cuando el pánico es muy grande, le enferma a uno y le priva de la capacidad para obrar.

El miedo es un sismógrafo necesario. Indica que algo empieza a marchar mal. La persona que ha aprendido a tomar en serio sus propias sensaciones de temor tal vez desarrollará un instinto que la pondrá en guardia cuando algo va mal en su vida. Quizá el miedo está mal considerado, entre otras razones, porque el que lo reconoce abiertamente es alquien que deja de estar conforme, un personaje incómodo.

«¡Cómo vas a tener miedo de eso!»

Los padres y otras figuras de referencia preferirían ahorrarle al niño todos los sentimientos ingratos, entre ellos el miedo. Porque para ellos también es ingrato tener que contemplar cómo padece, sin poder hacer nada.

Una y otra vez, esa situación conduce al afán de persuadir al niño de que sus temores no tienen fundamento. Les preocupa que el miedo percibido plenamente conduzca al paroxismo. Por otra parte, muchas personas viven en la errónea creencia de que el miedo se combate no haciendo caso de él, o por lo menos negando que exista motivo para tenerlo. Pero con eso privan al niño (y se privan a sí mismos) de la posibilidad de abordarlo de una manera constructiva.

Los adultos que acompañan conscientemente al niño en la aproximación al miedo pronto van dejando de sentirse desvalidos, porque se les ofrecen muchas posibilidades diferentes de hacer algo para y con sus pequeños, de manera que éstos sepan hacerse con dicho sentimiento.

El adulto sabe expresar verbalmente lo que el niño siente

Con frecuencia, a los niños les faltan palabras para expresar lo que sienten. Entonces todo depende de que los adultos acierten a entenderlos y, mediante la escucha activa, reflejar simétricamente la gestualidad de los niños y proponerles una interpretación verbal. Veamos un ejemplo:

Fanny está llorando en la cama y llama a su mamá. Cuando ella acude, la niña dice que le duele la barriga. La madre trata de averiguar dónde le duele, pero Fanny no consigue explicarlo. Que le duele toda la barriga, dice, y que la bolsa de agua caliente no va a ser de ninguna utilidad. Pero que mamá se quede y la coja de la mano. O mejor aún, dice Fanny como si acabase de ocurrírsele, que la coja en brazos y la acueste en la cama de mamá.

La madre: ¿Tienes una especie de nudo de miedo en el estómago y te hace daño?

Fanny: Y muy grande, porque otra vez estuvieron aquí los fantasmas.

La madre: ¿Así que han vuelto los fantasmas y tú te tragaste el miedo en un descuido?

Fanny: ¡Ajá!

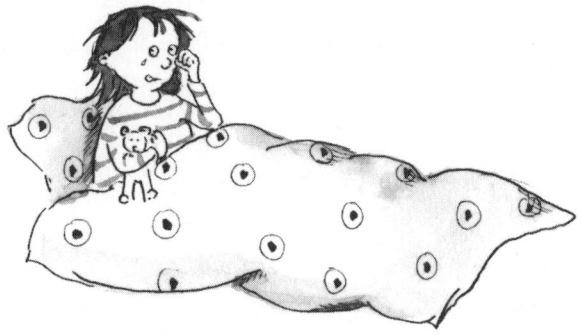

La madre: ¿Cómo ha sido ese miedo?

Fanny: Como la otra vez, en la cueva.

La madre: ¿O sea que te sentiste muy encogida y casi no podías respirar?

Fanny: ¡Eso es!

La madre: ¿Y cómo notas ahora el miedo en el estómago?

Fanny: Como si tuviera un agujero negro muy grande.

La madre: ¿Tan grande, tan grande que no se ve nada y te sientes muy sola?

Fanny: Eso es.

La madre: ¿Y cuando he entrado yo has visto un poco de luz?

Fanny: Sí.

Cuando por fin las personas adultas tengan la impresión de que se ha conseguido expresar en palabras las emociones que trastornan al niño, se puede pasar a la búsqueda común de actuaciones alternativas. Por ejemplo, la madre puede preguntar a Fanny qué podría hacerse con el miedo en vez de tragarlo: expulsarlo a gritos, pegárselo al osito, arrojarlo contra el armario, etc.

Lo que importa en estos casos es transmitir al niño la noción de que el miedo está ahí, y *está permitido* sentirlo. La búsqueda común de su expresión es el primer paso para asumirlo. Cuando una cosa tiene nombre, la conocemos, y el miedo queda privado de su ascendiente paralizador.

Reconfortar a los niños para que defiendan sus propios límites

Con frecuencia los adultos intentan disminuir el temor infantil restándole importancia. Procuran devaluar la situación y/o los sentimientos del niño con expresiones del tipo de «¡cómo vas a tener miedo de eso!», «¡no seas gallina!», o más agresivamente incluso: «¡te estás poniendo muy pesado!». De esta manera no se da una salida a los miedos infantiles; lo único que se le enseña al pequeño es a avergonzarse de ellos. Intuitivamente comprende que sus temores molestan. Si quiere «ser bueno» y obedecer, hay que reprimirlos. Pero con eso los temores no desaparecen, sólo dejan de ser percibidos conscientemente. Sin embargo, el miedo es uno de los estados de ánimo que repercuten más intensamente en el organismo. La represión intensifica los síntomas físicos como las palpitaciones, el nerviosismo, la excitación, los temblores, los lloriqueos, etc. La situación de estrés emocional empeora porque, además del miedo, ahora hay que soportar la vergüenza por tenerlo, la pérdida de autoestima y la dificultad de ocultar todos esos sentimientos. Además de vergüenza, se origina en este proceso el temor a un nuevo fracaso futuro: ¡el miedo aumenta en vez de disminuir!

Por consiguiente, el ofrecimiento de ayuda por parte de la persona adulta sólo puede consistir en una asistencia para que el pequeño decida por sí mismo si va a aventurarse y hasta qué punto. Que Juanito no quiera montar en bicicleta no es para avergonzarlo, simplemente, él se da cuenta de que no sabe y, por tanto, tiene razón. El adulto sin duda querrá ofrecer ese apoyo («yo te ayudo y voy sujetando la bicicleta mientras tú pedaleas»), o tratar de infundir valor («sé que tú puedes conseguirlo»). Con todo, si Juanito sigue sin atreverse, hay que respetarlo.

Luego trataremos esta cuestión, en la línea del ejemplo expuesto anteriormente.

Con frecuencia los adultos escatiman su asistencia creyendo que eso es mimar demasiado al niño o «acostumbrarlo mal». De ahí que se repita una y otra vez la discusión sobre si el padre o la madre lo acostarán en la cama de ellos cuando el pequeño está enfermo, o ha tenido una pesadilla o algo le ha asustado. Esa prevención es absolutamente injustificada. Todos los niños tienen un gran afán de autonomía. Espontáneamente desean independizarse de los padres. En esto hay momentos de mucho atrevimiento, y otros momentos en que corren a refugiarse de nuevo cerca de la persona de referencia. Todas las criaturas pasan por fases durante las cuales quiere acostarse en la cama de los padres buscando cercanía, protección y calor.

Cuanto más crean poder admitir eso los padres, más pronto regresará el niño a su propia cama, tranquilo y emocionalmente reconfortado. Pero no hay que olvidar que cada niño aprende y actúa de diferente manera. Mientras Sonia ha dormido casi todas las noches, hasta los seis años de edad, en la habitación de los padres, su hermanito Pablo no suele pedirlo excepto las mañanas de los domingos, cuando se les pegan las sábanas a todos.

No importa por qué solicita ayuda el pequeño: es bueno que los padres se la proporcionen, dentro de sus posibilidades, y controlando al mismo tiempo hasta qué punto ellos están dispuestos a consentir que se les independice. Precisamente en los casos en que los niños prolongan durante mucho tiempo la costumbre de dormir en la habitación de los padres, cabe preguntarse: ¿qué ventaja sacan el padre y/o la madre con que el crío no los deje solos por la noche? Al fin y al cabo, puede ser un buen recurso para esquivar muchos problemas de relación.

Plantar cara al miedo

Cuando el niño da señales de tener miedo, en seguida acuden los adultos a distraerlo. Creen que lo olvidará si consiguen que su mente se entretenga en otra cosa. ¡Es una creencia equivocada!

Por supuesto, Fanny dejará de tener miedo mientras su madre se ocupe de ella. Ahora ya no está sola, pero el miedo retornará cuando la niña se encuentre otra vez en la misma situación o en otra parecida. Mientras se la distrae, ella no ha aprendido nada para superar sus temores.

Para que los niños comprendan que el miedo forma parte de la vida, es bueno que sepan que los adultos también lo sienten. La persona adulta, al comentar sus propios temores con los pequeños, les da a entender que se puede hablar de eso, que el miedo es soportable. De este modo se ofrecen a sí mismos como modelos. ¿Qué hace mamá cuando hay tormenta con rayos y truenos? A lo mejor quiere que Fanny la coja de la mano, ¡como es tan valiente!, y comenzar juntas un juego. Así se le ofrece a la niña la ocasión para asumir el rol de consolar y ayudar. Con eso adquiere seguridad en sí misma y, por tanto, valor.

Reaccionar con humor frente al miedo

El sentido del humor es un recurso extraordinario cuando se trata de superar temores. Que nadie caiga en el error, sin embargo, de hacer la broma a costa del pequeño porque está asustado. Pero cuando ha quedado claro que los temores se toman muy en serio, y existe una confianza bien establecida, alguna que otra vez el adulto puede tratar de quitar hierro mediante una leve ironía o una frase ingeniosa. La risa relaja, y el cuerpo cuando está relajado no es presa del miedo. De esa manera reducimos tensiones y síntomas corporales. El temor que inspira la situación todavía existe, naturalmente, pero se ha conseguido hacerlo un poco más soportable.

La oportunidad de aprender de los errores

Son muchas las situaciones en que los adultos tienen ocasión de evitar activamente que pasen miedo los niños. Mientras éstos se vean en el caso de temer las reprimendas, los castigos e incluso los golpes de sus personas de referencia, todos los días trabarán conocimiento con un miedo frente al cual no pueden hacer nada.

Ellos no siempre logran cumplir todas las reglas del mundo de los adultos. O sería más exacto decir que antes de los cinco años no pueden, porque la evolución psicológica todavía no da para tanto (véase *¡Lo quiero ahora! Cómo tratar la impaciencia, la frustración y las rabietas*, en esta misma colección). Cuanto más severa y agresiva es la reacción de los progenitores y otras figuras de referencia ante comportamientos que ellos consideran equivocados, mayor es el miedo. Y al contrario, cuanto más procuran los adultos examinar junto con el niño cómo se ha producido el comportamiento equivocado y cómo evitarlo en adelante (o tal vez es que la norma ha dejado de ser adecuada), menos temores originará este tipo de situación.

Por otra parte, el miedo está en la raíz del hábito de mentir. El que no ha de temer la verdad, no necesita decir mentiras (más sobre el tema en *¡No he dicho ninguna mentira! Cómo tratar la mentira y la verdad*, de esta misma colección).

Los miedos cambian

Los temores de los niños de hoy no son los mismos que los de generaciones pasadas. Los miedos infantiles dependen de las circunstancias sociales, los sucesos políticos y las cuestiones que preocupan a los padres. Los estudios psicológicos muestran la prevalencia de los miedos sociales: al fracaso, al rechazo, a la gente desconocida, a las multitudes, a la violencia entre personas, a la soledad, a la muerte de los padres, al médico, a la autoridad... Con lo cual se pone también de manifiesto lo mucho que los niños de hoy se hallan inmersos en el mundo, y en contacto con los miedos de los adultos. Después de los atentados del once de septiembre de 2001, las educadoras de guarderías y jardines de infancia se las vieron y desearon para dar a los niños una explicación adecuada de lo ocurrido y para canalizar la angustia hacia derroteros soportables. Por la televisión y las conversaciones de los adultos, la infancia actual tiene noticia de atentados, guerras y catástrofes ecológicas. Ellos también tienen sus temores en esos contextos.

Asimismo, las conductas de los niños han cambiado, y con ellas, los factores que determinan temores. Si años atrás un niño se sentía rechazado cuando no chutaba bien la pelota, hoy esa angustia la sufre el que no lleva las prendas de las marcas que están de moda, el que tiene un color de piel diferente, o el que no va a clase de música con los demás. (Más información sobre la temática segregación-integración en *¡Con ése no quiero jugar! Cómo tratar el rechazo y la discriminación*, de esta misma colección.)

Tener miedo no significa ser miedoso

Un aspecto de gran importancia (no sólo para quien deba tratar con niños miedosos) y que siempre debe tenerse presente: no generalizar. El que siente el miedo fácilmente cree que no se le va a pasar nunca, sin embargo, todo cambia. Esto también hay que transmitirlo a los pequeños. El miedo es situacional, es decir, que va ligado a una determinada circunstancia o un determinado factor desencadenante. Hay que dejarlo ahí, y que el niño se tome el tiempo necesario para encontrar su propia manera de encararlo, bien sea en estilo ofensivo, o encerrándose en sí mismo. El pequeño debe tener la seguridad de que el miedo pasará cuando se haya superado la situación. Ser timorato, o pusilánime, es otra cosa.

Cómo seguir la pista a los miedos

Aspectos psicológico-evolutivos

Entre los 6 meses y los 3 años, los niños se independizan cada vez más: es un período marcado por la exploración, por el afán de vivir el mundo, de experimentar la autonomía. Pero esto equivale a separarse de las personas de referencia y suscita, al mismo tiempo, la angustia del abandono. Ese desarrollo no lleva, pues, una marcha constante ni tranquila. El deseo de autonomía aleja al niño de sus progenitores, pero el miedo a perder el afecto de éstos le obliga a regresar una y otra vez. Es un movimiento de dos pasos adelante, un paso atrás. Este paso atrás sirve para preservar la salud psíquica en dos sentidos. En primer lugar, el niño comprueba reiteradamente que las figuras de referencia continúan en su lugar y bien dispuestas, mientras él se independiza.

En segundo lugar, muchas veces el pequeño se ve en situaciones que le desbordan. Los primeros días de asistencia a la guardería, por ejemplo. Entonces el niño realiza una especie de repliegue estratégico, a fin de asimilar esa marea de nuevas sensaciones.

Miedo a la pérdida de la omnipotencia

Los temores forman parte del desarrollo infantil natural. El adulto debe comprender los sentimientos que este proceso infunde en el niño, para acompañarle mejor y transmitirle seguridad.

En el segundo año de vida comienza para el niño una fase prodigiosa. Él se descubre a sí mismo como centro del mundo. Toca un botón y aparecen figuras multicolores y personajes en la pantalla del televisor. Vuelve a tocar el botón y la pantalla se apaga. El pequeño aprende a caminar, alcanza muchas de las cosas que se le antojan. Sabe suscitar reacciones y descubre en éstas unas pautas invariables: arrojar la cuchara al suelo, alguien se inclina y la recoge; tirar del rabo al gato, el gato escapa; levantar el auricular del teléfono, el aparato hace «tut-tut-tut».

Por primera vez el niño cobra conciencia *de sí mismo*. Hago cosas, luego existo. Consigo lo que me propongo. Se siente poderoso pero ese mismo poder es fuente de angustia. Si es él quien lo determina todo, ¿por qué hay relámpagos en el cielo, si él no ha tocado ningún botón? Si se pone en marcha la aspiradora, la máquina se traga los papelillos esparcidos por el suelo, ¿cómo se sabe que el monstruo no se lo tragará a él también? Ocurren cosas sobre las que él no tiene ninguna influencia. Eso produce temor. El pequeño tirano ve amenazada su posición de privilegio.

Miedo al abandono

Junto con el sentimiento anterior aparece el miedo al abandono. Hacia el segundo año de vida, el niño ha aprendido a proyectar interiormente una imagen de la persona de referencia. Esto le permite prescindir unos momentos de esa figura, con tal de que la ausencia no se prolongue demasiado. Al cabo de un rato ha de presentarse alguna persona adulta para restablecer las sensaciones de protección y seguridad. Con el tiempo le bastará con oírlos, y ver pasar de vez en cuando al padre o a la madre para saber que están ahí. A veces, el muñeco de felpa preferido puede transmitir esa seguridad que necesita para soportar durante un rato la lejanía de los progenitores. Elena, que tiene dos años, está jugando en su habitación mientras mamá se halla en la cocina. Cada tres o cuatro minutos, Elena va corriendo a la cocina para ver si mamá sigue ahí, y luego retorna a sus juegos tranquila.

Lo que importa es que la persona de referencia esté localizable y que responda a la presencia del niño con una caricia o una palabra. Lo cual viene a significar: te quiero, todo sigue en orden, nada ha cambiado. Aunque tú te alejes, yo sigo aquí. El pequeño necesita esa seguridad para seguir independizándose. A esa edad se hace la siguiente reflexión: aunque yo me independice y me aleje, siempre puedo volver. No pierdo nada, al contrario, gano mi independencia sin tener que renunciar al amor de mis padres.

La conducta se asocia a las relaciones

Cuando el niño echa en falta la presencia de uno de los progenitores, se espanta porque teme el abandono definitivo. A esta edad ha empezado a establecer la relación entre su propio comportamiento y las actitudes de los demás; ha hecho sus primeras experiencias de la noción de «ser culpable de algo».

Esas experiencias no pueden faltar, puesto que el niño, al fin y al cabo, en esta primera etapa del proceso de descubrirse a sí mismo está ensayando caminos propios. Evidentemente va a ponerse en conflicto con la madre o con el padre, puesto que se le antojarán muchas cosas que los progenitores no van a tolerar.

La fase de búsqueda del yo

Por el potencial de conflictos que encierra, esta fase recibió en otros tiempos el nombre de fase del «no», o fase de la tozudez. Durante ella, en efecto, la palabra «no» es la preferida del niño y, además, desde su punto de vista es fascinante. Viene a significar: no quiero, no lo haré, me opongo a ese gran poder de los adultos, al que hasta ahora había obedecido a ciegas. Eso pasó a la historia. El «no», ¡hay que ver cómo los saca de sus casillas! Ellos tratan de persuadirme con halagos y con amenazas, y sin embargo, no pueden obligarme. Yo me determino a mí mismo. ¡Qué victoria!

Las disputas son inevitables. Es menester que los progenitores acierten con el difícil equilibrio entre la autodeterminación infantil y la experiencia de la limitación, que también es necesario transmitir a los niños. A esa edad ellos se sienten tan fuertes que muchas veces los padres no saben qué hacer. Al mismo tiempo, el primer conflicto con los padres hace nacer en el pequeño el temor a ser abandonado por ellos. En esa época suelen dormir mal, atormentados por las pesadillas. Una y otra vez, durante la noche reclaman la seguridad de que —pese a los conflictos de la jornada— durante las horas oscuras siguen teniendo la protección paterna. Una caricia, a veces una simple palabra de consuelo pronunciada desde la habitación, bastará para que el niño duerma otra vez tranquilamente.

Las manifestaciones de ese miedo se intensifican especialmente durante los primeros meses de asistencia al jardín de infancia. A los temores iniciales se suma la multitud de niños, los espacios desconocidos, la duda de si su madre vendrá a buscarlo. Y también el temor resultante de un conflicto de lealtades: ¿puede el niño querer a la educadora sin que la madre se ofenda y se aleje de él?, ¿puede hacer amigos y llevarse bien con otros niños, o sus hermanos y sus padres no quieren eso?

Los fantasmas facilitan el proceso de conquista de la autonomía

El temor a perder el cariño de los padres y el miedo por si un enfrentamiento con ellos puede conducir al abandono, son factores que inflaman la fantasía infantil.

La confrontación con ese miedo es increíblemente amenazadora para el niño, consciente de la gran dependencia en que todavía se halla. Por eso traslada hacia unos objetos exteriores todos los aspectos «malos» que observa en sus padres. De ahí el miedo a la oscuridad, donde pululan personajes deseosos de pegar al niño, secuestrarlo, matarlo o, simplemente, asustarlo. Esos fantasmas, esas brujas, esos monstruos, son personajes vicarios. En consecuencia, hay que tratar con mucho tiento ese tipo de temores. Los niños que logran superar dicho miedo en el buen sentido han aprendido que están en un mundo de luces y de sombras, y que ambos aspectos demandan ser integrados en la vida.

El cuerpo es vulnerable

A la edad de cuatro años aumenta en los niños la conciencia de su propia corporeidad. Ahora se dan cuenta de que son seres vulnerables, lo cual produce pánico. El pequeño acaba de comprender que él es cuerpo, que se necesita ese cuerpo para vivir. Titubea antes de saltar desde la mesa: ¿y si el adulto no le recoge a tiempo? En el parque interrumpe la ascensión al tobogán, súbitamente consciente de que puede caer si no se coge bien de la escalera. Ahora ya sabe que no sólo se arriesga a «hacerse pupa», sino que puede hacerse daño de verdad. Muchas veces los padres se sorprenden al ver que Juanita no quiere saltar al agua desde el borde de la piscina, cuando hasta hace poco tiempo se atrevía a hacerlo sin ninguna dificultad. Si uno comprende cuál es el origen de esa reticencia, estará en condiciones de reaccionar con sentido de la oportunidad: «¿Tienes miedo de hacerte daño si saltas al agua?» podría ser una buena pregunta, seguida del ofrecimiento de recoger a Juanita desde el agua cuando salte. También se le puede sugerir que se siente en el borde de la piscina y vaya bajando poco a poco hasta meterse.

Por análogas razones, a esa edad los niños temen al dentista, que hurga en la boca con sus instrumentos de aspecto peligroso, e incluso al peluquero, sus tijeras y su maquinilla.

Escuchan con desusado interés a los adultos que hablan de muertes, o de hormigas devoradoras, o de ratones capaces de meterse en todas partes excavando sus galerías. Cuando te acuestes, ¿quién te asegura que no te ocurrirá como a la abuelita, que se durmió y no volvió a despertar? ¿Quién ha dicho que no entrarán las columnas de hormigas-soldados, o que no te mordisqueará el ratón? Y puesto que la gelatina se disuelve en el agua, ¿no te pasará a ti lo mismo cuando te metas en la bañera?

Es la edad del conocimiento, que crea inseguridad, y también es la edad de querer explorar el mundo, aunque para ello sea necesario separarse de los padres.

La regresión forma parte del proceso

De vez en cuando, durante esta fase, los niños retornan a pautas de conducta que parecían ya superadas. En el mundo exterior, lejos de casa, hay que comportarse como mayorcitos responsables e independientes. En compensación, necesitan esos momentos de renovación simbiótica con los padres: quieren ser mimados, no tener que tomar ninguna decisión, dejar toda la responsabilidad en manos de los adultos. Es posible que el pequeño recla-me el chupe-

te, que ya había abandonado. Por la mañana tal vez querrá tomarse la leche sentado en el regazo de la madre para confortarse física y psíquicamente ante la jornada que le espera. Algunos niños más sensibles vuelven a mojar la cama durante algún tiempo. Si los padres quieren ayudar, lo mejor es entrar en el juego y aceptar esa breve regresión.

Cuando el niño no necesita luchar para verse atendido, sino que recibe la atención sin dificultades, no tardará en dar otra vez pasos hacia adelante. Ahora ya sabe que en caso de emergencia, es decir, cuando se note desbordado, puede dar otro paso atrás.

Descubriendo el mundo

A partir de ahora y hasta el séptimo año de vida, el niño empieza a explicarse las cosas que ha reconocido. Inventa experimentos, a ver qué pasa. Trata de descubrir quién le dice al cuco del reloj que ha de salir a cantar la hora. Sentado con un cedazo en la bañera, descubre que la lluvia la fabrican los ángeles haciendo pasar agua por un cedazo.

Al mismo tiempo, la propia fantasía suscita espantos. Si los ángeles se enfadan y no deja de llover, ¿qué pasará entonces?, ¿se repetirá lo del Arca de Noé? ¿Y el coco que se lleva a los niños malos? Si hago algo malo, ¿se me llevará a mí también?

Alrededor de los siete años el niño va entrando poco a poco en una fase de comprensión. Empieza a captar las relaciones causales. Ahora comprende que ningún retrete del mundo se lo va a tragar, porque las cañerías no tienen el diámetro necesario; que las hormigas y los ratones no van a hacerle nada, porque son pequeños y él es demasiado grande y fuerte; que las abuelas no se quedan dormidas, sino que se mueren y eso responde a unas causas determinadas.

Retorna el miedo a la pérdida de la relación

A estas edades los atormenta la preocupación por si no encuentran el camino de regreso a casa, o alguien los secuestra. Están comprendiendo que la familia es una estructura delicada y puede resultar destruida por la acción de un extraño, o también por los mismos seres que la componen.

Por ejemplo, ¿qué ocurrirá si la madre se da cuenta de que su hija quiere quitarle al marido para casarse con él, o el hijo quiere tener a la madre en exclusiva? ¿Cómo van a saber ellos que eso es un episodio normal de la fase edípica, y que los padres ya están preparados para esa situación? El pequeño tiene remordimientos y ha de temer que el progenitor de su mismo sexo salga despavorido cuando se entere de tan terribles designios.

Juegos de rol para enfrentar las situaciones temibles

Los más pequeños, sobre todo, utilizan los juegos de rol para tratar de asimilar sus temores, sus preocupaciones y sus dificultades, así como lo sorprendente y lo inesperado... aunque sean acontecimientos felices. Así se familiarizan con lo desconocido y salen vencedores de los peligros a través del juego. Que entre, pues, el lobo feroz, en la línea del relato que durante tantas generaciones ha dado escalofríos a la infancia. Al escucharlo pueden sentirse víctimas y cazadores al mismo tiempo. De manera que ¿quién teme al lobo feroz? ¡Nadie!

NOTA

A fin de simplificar, de ahora en adelante se hablará de niños en plural aunque el juego pueda adaptarse a uno solo.

Las rodillas tiemblan

Aproximaciones lúdicas al miedo

Cuando uno aprende a sobrellevar mejor el miedo, lo más conveniente es dar un nombre a tal sentimiento y familiarizarse con sus múltiples matices. De esta manera los niños van comprendiendo que los miedos no siempre son iguales. Hay un miedo pequeño que es como un breve cosquilleo en el estómago, y luego están los grandes pánicos que le paralizan a uno y apenas le dejan respirar.

Una vez han aprendido a establecer esa diferencia, los pequeños estarán en condiciones de abordar los miedos pequeños, para empezar. Así van aprendiendo que no hay que tener miedo del miedo. Por otra parte, dicha distinción implica una primera toma de distancia, y ése siempre es el primer paso para superar los sentimientos insoportables.

Cuando el niño llega a captar que su sentimiento no es él, sino solamente una parte de él, dejará de sentirse avasallado y amenazado por el miedo, lo que le permitirá indagar acerca del origen del temor que experimenta sin necesidad de avergonzarse de esa emoción, ni de sentirse culpable por ello.

¿Qué ha pasado?

Como iniciación se hará que los niños hablen de sus temores.
Con esto los adultos tendrán ocasión de observar hasta qué punto
los pequeños han reflexionado ya sobre el tema.

La persona adulta lo introduce por medio del siguiente relato breve: Matilde tiene cuatro años y va al jardín de infancia, de lo que se siente muy orgullosa, ya que antes prefería quedarse con su madre. Desde hace algunas semanas va muy contenta, y por las noches se acuesta pensando que volverá al día siguiente. Hoy el novio de mamá le ha leído un cuento muy largo en la cama, y en el momento de darle las buenas noches, Matilde le ha recordado que no dejara de despertarla muy temprano, porque ha quedado a las ocho con Fabián, su educador preferido, para pintar las ventanas. Él ha prometido no olvidarlo, y Matilde se ha quedado dormida. Hacia las once Matilde despierta llorando muy fuerte y grita llamando a mamá. ¿Cómo se interpreta lo ocurrido?

Al preguntar por qué ha llorado Matilde, la persona adulta excita la fantasía de los pequeños. Hay que concederles todo el tiempo que necesiten para relatar lo que se les ocurra. Es posible que algunos de los pequeños quieran contar cómo se llama su educador o educadora favorita, o discutir si sus mamás también tienen novio. Tal vez comentarán los ritos que tienen a la hora de acostarse. Mediante estos relatos, los niños se aproximan a la situación de Matilde, por eso es bueno permitir que dejen volar la imaginación y darles el tiempo que necesiten. Al tratar el tema de los miedos, la persona adulta debe controlar que todos acepten mutuamente que los demás tienen miedo de otras cosas diferentes.

EDAD:	**3 años o más**
PARTICIPANTES:	**uno o más niños**
MATERIAL:	**ninguno**
TIEMPO:	**unos 15 minutos**
LUGAR:	**donde no se les moleste**

¿Quién teme al ogro?

Los juegos que mejor evocan el cosquilleo del miedo son los de correr y atrapar, el escondite, etc., y por lo mismo son muy indicados para abordar la conversación con los niños. La diversión consiste en el escalofrío unido a la esperanza de escapar. Además, en la variante del juego que se propone aquí se ofrece a los niños la oportunidad de vivir los dos roles, el de ogro y el de víctima. Ambos tienen su emoción.

Para empezar hay que ponerse de acuerdo sobre quién es el ogro o perseguidor. A un lado del terreno se colocan los jugadores, y frente a ellos el ogro. Entonces se produce el diálogo siguiente:

Ogro: ¿Quién teme al ogro?
Niños: ¡Nadie!
Ogro: ¿Y si aparece?
Niños: ¡Tampoco!
Ogro: ¿Y si se acerca?
Niños: ¡Corremos!

EDAD:	3 años o más
PARTICIPANTES:	2 o más niños
MATERIAL:	ninguno
TIEMPO:	unos 10 minutos
LUGAR:	donde haya espacio para correr

A esta voz los niños echan a correr tratando de huir del ogro. El que consiga llegar al otro extremo, donde se hallaba el ogro al principio, queda a salvo. Los atrapados harán causa común con el ogro en el turno siguiente para pillar al resto. El último jugador libre pasa a ser el ogro al repetir el juego, si quiere.

Historias de uno que tuvo miedo

La lectura de cuentos populares como Caperucita Roja, Los tres cerditos *o* Pulgarcito *sirve para ilustrar diversos tipos de terrores infantiles: animales fieros, adultos mal intencionados, etc. Al mismo tiempo, el cuento desarrolla simbólicamente las estrategias para vencer el miedo. Se aprovechará para poner en guardia a los pequeños frente a los miedos que en ocasiones tratan de inculcarles los adultos con frases como «si no te portas bien se te llevará el hombre del saco» y otras por el estilo.*

Se lee el cuento y se les explica el origen del miedo y cómo librarse de él. Luego hay que darles tiempo para que cuenten experiencias y reflexiones propias. Si se ha transmitido mucha información lo mejor será conceder varios días. La persona adulta, por ejemplo, les sugerirá que se observen a sí mismos hasta el día siguiente.

Al comentar experiencias, reales o no, las preguntas podrían orientarse en los sentidos siguientes:

- ¿Qué fue lo que ocurrió?
- ¿Los niños han vivido situaciones parecidas?
- ¿Cómo juzgan la actuación de los personajes del cuento? ¿Quién ha quedado como un tonto? ¿Quién ha sido el más listo?
- Preguntarles si quieren asumir los roles de los personajes para representarlos en una pequeña función.
- Desarrollar lo que sugiere el relato en cuanto a posibles maneras de enfrentarse a situaciones difíciles. Si uno de los niños presentes ha ensayado una de esas soluciones, estimularle para que lo cuente y elogiar su valentía.

Análisis de las situaciones de temor:

¿Qué pasa en tu cuerpo cuando tienes miedo? Que los niños formen corro sentados y uno de ellos represente la situación, temblando y haciendo como que se le aflojan las rodillas. Los demás lo emularán.

¿Para qué sirven las reacciones de temor? Proponer un juego de roles: algunos niños serán cazadores prehistóricos y los demás forman piña representando un mamut. Un ligero disfraz y una manta grande echada sobre el mamut pueden completar la transformación.

Hay diferentes clases de miedo: Reflexionan juntos sobre los casos en que el miedo puede salvarnos de un peligro realmente grave.

¿Qué es, en realidad, el valor? Cada niño dibujará una situación en la que se comportó como un verdadero valiente. Luego forman corro y se cuentan sus historias.

Algunos miedos requieren que nos enfrentemos a ellos: ¿Cuáles? ¿Recuerdan los niños si han tenido temores que actualmente ya no los inquietan? ¿Cómo aprendieron a superarlos? ¿Qué puede hacer uno cuando tiene miedo? ¿Se les ocurre alguna otra idea?

Miedos que los adultos te quieren meter cuando intentan persuadirte de algo: ¿Recuerdan los niños alguna de esas frases? ¿Sabrían explicar por qué son mentiras?

¿De qué tengo miedo?

Un juego de intercambio en el que los niños aprenden que hay muchos miedos diferentes y que los adultos también tienen temores. La forma lúdica proporciona la válvula de seguridad que permite confesarlos sin necesidad de pasar vergüenza.

Los niños forman un corro y se arrojan la pelota. El que lanza la pelota dirá en voz alta alguna cosa que le da miedo. Las personas adultas intervienen también y ayudan expresando temores de otras categorías. Que pueden ser irracionales, como los platillos volantes que pueden caer sobre las cabezas, o también personas, como un conserje iracundo... Finalmente, los niños se reúnen a comentar sus miedos concretos. En este caso, también con participación de los adultos, que hablarán de sus temores cotidianos. Por último, pueden dibujar representando las cosas que teme cada uno, o realizar juntos un gran *collage* de recortes de revistas y catálogos.

EDAD:	**3 años o más**
PARTICIPANTES:	**uno o más niños**
MATERIAL:	**pelota de espuma, colores, papel, pegamento, tijeras, catálogos y revistas**
TIEMPO:	**unos 20 a 40 minutos**
LUGAR:	**donde no se les moleste**

NOTA

Los niños no desarrollan miedos adicionales sólo porque oigan lo que temen otras personas. Al contrario, la exposición de esos temores que ellos no conocían les sirve para discutir el miedo, y se dicen a sí mismos «a mí no me da miedo eso que cuenta», «eso no es para tenerle miedo». De esta forma se convencen de que ellos son muy valientes para algunas cosas, y también comprueban que cada persona se enfrenta a sus temores de una manera diferente.

Me quedé sin respiración

¿Qué significan literalmente las distintas palabras y expresiones que utilizamos para decir que alguien tiene miedo? Nos enseñan hasta qué punto este sentimiento se refleja en manifestaciones corporales.

Para empezar, los niños dirán todas las expresiones relacionadas con el miedo que conozcan. Las que utilizan ellos mismos y las que han escuchado a sus hermanos o sus padres.

Las personas adultas tomarán nota de todas las propuestas. A continuación y entre todos, serán examinadas palabra por palabra tratando de dilucidar lo que significan y en qué sentidos están relacionadas con el miedo. Un primer resultado sería la constatación de que existen distintas clases de miedo. Unas veces sofoca, otras veces se le hielan a uno los pies, o se hace pis en los pantalones.

EDAD:	4 años o más, con ayuda
PARTICIPANTES:	uno o más niños
MATERIAL:	ninguno
TIEMPO:	unos 15 minutos
LUGAR:	donde no se les moleste

He aquí algunos ejemplos:

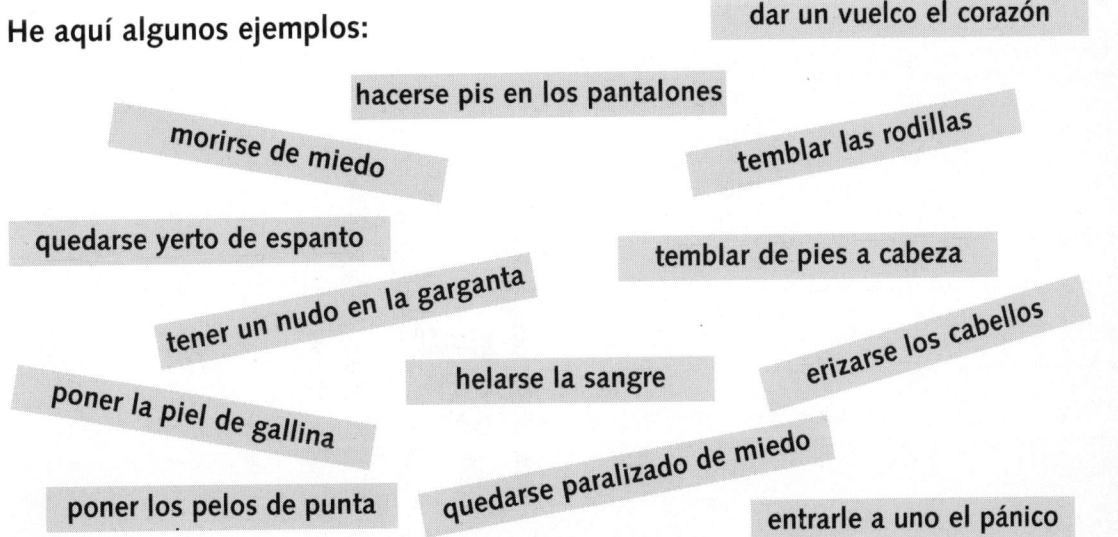

dar un vuelco el corazón

hacerse pis en los pantalones

morirse de miedo

temblar las rodillas

quedarse yerto de espanto

temblar de pies a cabeza

tener un nudo en la garganta

erizarse los cabellos

helarse la sangre

poner la piel de gallina

poner los pelos de punta

quedarse paralizado de miedo

entrarle a uno el pánico

No soy gallina

Hay nombres y expresiones que designan a las personas valientes, lo mismo que los hay para los timoratos. ¿Qué vocabulario tienen los niños en este contexto? ¿Lo han utilizado alguna vez para calificar a alguien? ¿Hay palabras que les gustan más y otras menos?

Las personas adultas se reunirán con los pequeños con el fin de buscar palabras que sirvan para expresar que alguien tiene miedo. Luego comentarán lo que significan esas palabras y si les gustaría que les fuesen aplicadas a ellos. Los adultos confeccionarán con ellas un cartel. A continuación todos buscarán expresiones que describen a las personas valerosas y que se enfrentan a su miedo. Estas palabras también las escribirá una persona mayor. Los niños pueden marcar con un punto rojo las palabras que no les agradaría escuchar referidas a ellos mismos, y con un punto verde las que sí les gustaría que se usaran para describirlos.

Mi héroe
Superestar
Mi ídolo
Aventurero
Qué valiente eres
Intrépido
Atrevido
Valeroso
Osado
Audaz

NOTA:

Si se quiere motivar a los niños para que sean valerosos y tengan confianza en sí mismos, hay que conseguir que se fijen en sus propios puntos fuertes. En cambio, con expresiones como «no querrás ser un cobardica» sumamos al miedo de la situación —que ha suscitado el titubeo o el paso atrás— la inseguridad que le causamos al sugerirle que está quedando por debajo de las expectativas de sus mayores. Así presionado, el niño se siente todavía más bloqueado e incapaz de actuar, o se obliga a saltar la limitación percibida en su fuero íntimo, con lo que únicamente se le ha enseñado a no hacer caso de sus propios sentimientos y no tomarlos en serio.

EDAD:	**3 años o más**
PARTICIPANTES:	**uno o más niños**
MATERIAL:	**papel y lápices o rotuladores**
TIEMPO:	**de 10 a 20 minutos**
LUGAR:	**donde no se les moleste**

Eres un gallina
Estás cagao
Medroso
Cobardica
Blandengue
Nene de mamá
Pobre de espíritu
Cobarde
Miedoso
Apocado
Encogido
Te has hecho
pipí encima

Otro punto de vista

A veces las cosas nos dan miedo o no, según la perspectiva desde la cual las consideramos. Un niño de pie frente a un elefante verá una bestia descomunal, pero el mismo elefante contemplado desde lo alto de una torre impone bastante menos.

EDAD:	**3 años o más**
PARTICIPANTES:	**uno o más niños**
MATERIAL:	**una silla para cada niño**
TIEMPO:	**unos 5 minutos**
LUGAR:	**una habitación que contenga muchos objetos diferentes, a ser posible**

Todos los niños se tumban en el suelo. Un adulto los invita a contemplar detenidamente la habitación. Luego se moverán reptando por el suelo de la estancia, siempre viéndola desde esa perspectiva. A continuación, encaramados a una silla, volverán a contemplar cuanto los rodea. Por último, se reunirán a cambiar impresiones sobre lo observado. Una vez hayan dicho lo que descubrieron, pueden pasar a considerar qué relación tiene este ejercicio con la cuestión de los temores.

¿Recuerdan alguna situación que antes les daba miedo y ahora ya no? ¿Por ejemplo, cuando la madre iba un rato a casa de la vecina y ellos se quedaban solos en la suya? ¿O el miedo que les daban las tormentas? Tal vez reflexionando en común el grupo conseguirá dilucidar qué es lo que ha cambiado en las nuevas situaciones respecto de las antiguas.

NOTA

En este tipo de conversaciones siempre es útil la ayuda de las personas adultas que rememoran sus propias experiencias. Así aprenderán que el miedo se hace más llevadero a medida que uno se familiariza con las cosas que lo causan.

¿Tienen miedo los adultos?

En este juego los niños son exploradores y salen a un lugar público.
El miedo acompaña a los humanos durante toda la vida. Algún niño
tal vez hallará consuelo en la idea de que los adultos, grandes y fuertes
como son, también tienen sus temores y sin embargo se desenvuelven
bastante bien. Así que no puede ser tan grave eso del miedo.

Los niños forman grupos y deliberan acerca de cómo abordarán a las personas adultas y qué preguntas les dirigirán. Seguidamente, cada grupo irá a por su primer entrevistado. Le preguntarán acerca de sus temores. ¿Cómo se desenvuelve con ellos? ¿Cómo actúa cuando el miedo es intenso?, y así sucesivamente.

Cuando todos hayan conseguido varias entrevistas, se reunirán a escuchar las grabaciones. Finalmente, si quieren, conversarán sobre cuáles de los temores adultos conocen ellos también y cuáles no.

EDAD:	4 años o más
PARTICIPANTES:	2 o más niños
MATERIAL:	un casete con micrófono para cada 3 o 4 niños
TIEMPO:	una mañana
LUGAR:	por donde pasen muchos transeúntes (zona peatonal, planta baja de unos grandes almacenes, etc.)

NOTA

Antes de dispersarse, los niños irán con la persona adulta que los acompaña al lugar elegido como punto de concentración. Allí los esperará la persona adulta y ellos sabrán dónde tienen que acudir en caso de necesitar ayuda.

Miedos embusteros

A veces las historias de la televisión meten miedo a los niños, porque presentan con gran realismo sucesos ficticios y totalmente irreales. Otras mentiras que vienen repitiéndose desde hace generaciones han infundido miedo desde siempre, aunque quizá no fuese ésa su primera intención.

El adulto pregunta a los niños si han visto en la televisión alguna película que les haya dado miedo, o tal vez ha sido algo que les ha dicho otra persona.

EDAD:	**4 años o más**
PARTICIPANTES:	**uno o más niños**
	(mejor que sean varios)
MATERIAL:	**papel y lápices**
TIEMPO:	**unos 15 minutos**
LUGAR:	**donde no se les moleste**

Por ejemplo, que el ogro malo se come a los niños que no son obedientes y no acaban todo lo que hay en el plato; que Dios lo ve todo y castiga a los que se suben a los árboles sin permiso; que se les pondrán los ojos cuadrados si miran la televisión demasiado rato; que el hombre del saco se lleva a los niños que se entretienen en la calle, o que les saldrán los dientes torcidos si se chupan el dedo.

Una vez comentadas estas historias, que digan en qué ocasiones los adultos, los hermanos o los compañeros dicen tales cosas. No tardarán en darse cuenta de que ocurre siempre que el otro pretende conseguir algo. Para terminar, si se quiere, inventarán historias para meter miedo a los adultos cuando éstos no quieren hacer algo que a los pequeños les gustaría.

Antes de reanudar la discusión, el adulto dejará que los pequeños fantaseen un rato. Por último, los niños deben pensar en si está bien eso de meter miedo a otro cuando la situación en sí no implica nada que temer. El objetivo de este diálogo es una reflexión sobre cómo relacionarse de manera que todos salgan beneficiados.

Un valeroso paso adelante

Juegos y ritos para superar temores

Valor significa atreverse a hacer algo pese al miedo que nos infunde. En una formulación positiva se diría que el niño vivencia el miedo como una importante señal de alarma, pero actúa de todas maneras. A veces hay que proceder a pequeños pasos por más valiente que uno sea, y eso los adultos no sólo deben respetarlo sino incluso valorarlo. Porque cada vez que, pese al miedo, un niño se atreve a alguna cosa, ha aprendido acerca de cómo encarar los temores. Los pequeños pasos también enseñan.

Los ritos y las actividades que se proponen aquí van encaminados a que el niño se concentre en sus destrezas y en sus fuerzas. Y que confíe en sí mismo, en su familia y en sus amigos siempre que tenga miedo.

Lo principal, sin embargo, es aprender que hay diferentes posibilidades para desenvolverse frente al miedo. Así se les ofrece una amplia gama de estrategias que ensayarán y aprenderán cara al futuro.

Temores que son importantes

Algunos temores son muy importantes porque nos advierten de un peligro real. Al abordar el tema del miedo, muchas veces lo principal es indicar a los niños posibles maneras de encararlo y cuándo no hay nada que temer. Pero también deben saber que algunos temores hay que tomarlos muy en serio y hacer caso de lo que indican.

Primero, los adultos recordarán varias situaciones que suelen atemorizar a los niños. Seguidamente pedirán la colaboración de los pequeños y se instalará en cualquier estancia un rincón rojo y otro verde, revistiéndolos con tela o acotándolos con cintas de esos colores. Después, se agrupan todos en el centro y el adulto expondrá la primera situación. Cuando haya terminado, los niños decidirán espontáneamente: los que opinen «sí, quiero hacerlo aunque me da miedo» irán al rincón verde, y se dirigirán al rincón rojo los que estén de acuerdo con la proposición «no, es demasiado peligroso y no quiero intentarlo».

Una vez se hayan pronunciado todos, cada uno explicará las razones de su elección. Quedará de manifiesto que no todos los niños juzgan igual determinados temores. Por ejemplo, es posible que algunos de ellos tengan experiencia en el trato con perros y sepan valorar con bastante exactitud cuándo se les puede pasar la mano por el lomo y cuándo no. Los que no hayan tenido nunca una mascota en la familia, por el contrario, seguramente serán mucho más reticentes a tocarlos. En caso de que todos los niños se hayan colocado unánimemente en el rincón verde, se inducirá un diálogo sobre cómo ayudarse a tener menos miedo en esa situación.

NOTA

A veces, a los niños les cuesta entender que una determinada situación sea demasiado peligrosa. En estos casos, en vez de promulgar una prohibición es mejor comentar con ellos qué destrezas o facultades creen tener para superar el trance. En el diálogo pueden participar todos, y se tratará de dilucidar cuándo y en qué condiciones podría aventurarse alguien, dada la situación propuesta. Ser valiente está bien, pero los niños necesitan aprender además a distinguir entre valentía y temeridad.

SITUACIONES POSIBLES

- Se han agotado los refrescos y te da miedo bajar a la bodega porque está muy oscura. ¿Crees que puedes bajar?

- Un amigo o una amiga te está llamando desde la acera de enfrente. El paso de peatones queda bastante lejos y además te da miedo porque circulan muchos coches. ¿Vas a cruzar la calle?

- Todos los niños están nadando en la piscina. Tú llevas puesto el flotador porque todavía no te desenvuelves con soltura en el agua. ¿Te meterás en la piscina?

- Tu balón de reglamento ha ido a parar al patio del vecino. Cuando te dispones a saltar, aparece un perro y te ladra. ¿Irás a por la pelota de todas maneras?

- En una visita al centro comercial te has entretenido contemplando unos juguetes. Cuando te das la vuelta, descubres que tu papá ha continuado andando y ha desaparecido. Ahora tienes miedo: ¿a ver si no podrás volver a casa? ¿Lo intentarías tú solo?

- Es de noche y te despierta un ruido extraño. Si ha entrado un ladrón en tu habitación y descubre que te has dado cuenta, te hará daño. ¿Gritarías para llamar a tus padres?

EDAD:	4 años o más
PARTICIPANTES:	uno o más niños (mejor que sean varios)
MATERIAL:	papel y lápices
TIEMPO:	unos 15 minutos
LUGAR:	donde no se les moleste

Miedos que es mejor contar

Algunas cosas atemorizan mucho a los niños porque se sienten especialmente amenazados y, además, están convencidos de la imposibilidad de recurrir a nadie. Por eso deben aprender por experiencia que siempre hay una persona adulta con quien pueden contar.

Una persona adulta les contará a los pequeños la historia siguiente:

Lo que más le gusta a Florián es jugar en el cajón de arena con sus amigos. Hace algunas semanas van todos los mediodías y han construido una rampa de arena a manera de tobogán, pero ayer se acercaron unos grandullones del barrio vecino y escondieron en el cajón de arena un cartón de cigarrillos. Como tenían necesidad de excavar le quitaron la pala a Florián y como él no quería soltarla, le tiraron del pelo hasta que se le saltaron las lágrimas.

Después de esto, los grandullones amenazaron a los pequeños y les prohibieron meterse en el cajón de arena hasta nueva orden; si alguno desobedecía, le darían una paliza que recordaría toda la vida.

Hoy Florián no ha querido salir a jugar y no sabe qué hacer.

El adulto solicita de los niños una sugerencia para el caso de Florián. Posibles preguntas a realizar:

- ¿Alguna vez han sido amenazados por alguien?
- ¿Qué pasó cuando recurrieron a un adulto explicando las amenazas?
- ¿Tienen los niños algún adulto a quien confiarse en las situaciones atemorizantes?
- Aparte de los padres, ¿hay otros adultos con los que se pueda hablar?
- ¿Hay que castigar a los niños que han recurrido a la ayuda de un adulto?

EDAD:	**4 años o más**
PARTICIPANTES:	**uno o más niños**
	(mejor que sean varios)
MATERIAL:	**papel y lápices**
TIEMPO:	**unos 15 minutos**
LUGAR:	**donde no se les moleste**

NOTA

Con el relato y el diálogo se trata de estimular a los niños y que confíen el caso a un adulto cuando se vean en una situación difícil. A veces el pequeño no quiere contarla a los de su grupo y entonces, qué duda cabe, el contar con un interlocutor adulto puede ser la solución. El adulto, si acepta la confidencia, debe ofrecer la seguridad de que no hará nada sin acordarlo previamente con el niño en cuestión. Al fin y al cabo, éste ha dado una muestra de confianza al exponer su caso, y esa confianza hay que respetarla y no abusar de ella.

Miedos que es mejor vencer

Muchas veces, el miedo social obliga tanto a los niños como a los adultos. Por miedo a que los demás se burlen de uno, o le excluyan, uno acaba haciendo lo que no quiere. En este caso la demostración de valor consiste en no dejarse dominar.

Los niños se juntan para evocar situaciones en las que temieron hacer el ridículo, o que los demás no quisieran jugar con ellos. El adulto tomará notas breves de estas escenas para que no se olviden luego.

A continuación, los niños forman grupos y eligen una escena, que representarán después de un breve ensayo. Cada situación se escenifica dos veces: en la primera, se supone que el miedo ha obligado a hacer alguna tontería. La segunda vez los niños interpretarán las conductas que ellos considerarían más adecuadas.

EDAD:	**4 años o más**
PARTICIPANTES:	**4 o más niños (mejor que sean varios)**
MATERIAL:	**un escenario más o menos delimitado; si se quiere, algo de atrezzo**
TIEMPO:	**unos 20 minutos**
LUGAR:	**donde no se les moleste**

SUGERENCIAS

- Jugando, los niños han roto el cristal de una ventana, y como tienen miedo de que los riñan, huyen corriendo.
- Un grupo de niños dice que es una prueba de valor cruzar con la tirolina, y los que no quieran hacerlo no formarán parte de la banda. María tiene miedo pero lo hace.
- Jorge teme que los demás se burlen de él porque aún no ha aprendido a montar bien en bicicleta, por eso dice que la tiene rota.

¿Quién es el más valiente de todo el país?

¿Qué aspecto tiene el que está atemorizado? ¿Y el que está repleto de valentía? ¿Es algo que se vea o se note? Para contestar a estas preguntas, en la actividad siguiente los niños experimentarán consigo mismos.

Los niños pasean por la habitación. Un adulto va diciendo situaciones en las que ellos se comportarían con timidez o con valentía, como:

- Aunque te tiemblen las piernas, bajas al sótano.
- Pasas valientemente por delante del perro.
- El conserje te riñe y tienes miedo de su mal carácter.
- Dile a tu papá que tú eres muy valiente.

Ellos deben interpretar la escena empleando toda la expresión corporal que les sea posible. Por ejemplo, cuando están bajando al sótano ponerse a canturrear para quitarse el temor a la oscuridad, etc.

Cuando tengan un poco de experiencia, se les sugerirá que formen parejas. Uno de los dos niños adoptará la actitud temerosa, por ejemplo, para cruzar la habitación en actitud furtiva. Luego hará lo mismo, pero asumiendo posturas de un valiente y audaz aventurero. El otro niño tratará de reproducir esos gestos con la mayor exactitud posible y al cabo de un rato cambiarán de roles.

Durante el ejercicio se darán cuenta, indudablemente, de que hay determinadas posturas corporales que refuerzan el miedo, y otras que sirven para infundirse valor uno mismo. ¿Tal vez acertarán a utilizar esa experiencia la próxima vez que se sientan inseguros?

EDAD:	**4 años o más; con ayuda, a partir de 3 años**
PARTICIPANTES:	**2 o más niños**
MATERIAL:	**ninguno**
TIEMPO:	**unos 10 minutos**
LUGAR:	**donde no se les moleste**

Cuando los fantasmas se desvanecen en el aire

En la elaboración mental de los temores, de vez en cuando el niño necesita la oportunidad de despedirse de alguno de ellos, cuando ha llegado a serle tan familiar que ni siquiera se da cuenta de que ya no le agobia con la misma intensidad que al principio. Por ejemplo, conciliar el sueño sin que la madre deba dejar una lámpara encendida.
En esta actividad se propone un rito de despedida para librarse definitivamente de un temor y plantearse la situación con valor reencontrado.

Las personas adultas invitarán a recordar qué cosas son las que les dan miedo a los niños desde hace mucho tiempo. Lo mejor será que los adultos destinen un rato suficiente y dejen que los pequeños cuenten sus cosas. Luego les pedirán que reflexionen sobre cuáles de esos miedos eran mayores y más intensos en otros tiempos.

Lo expresarán mediante el dibujo de ese temor. Por ejemplo, el personaje que se cuela en su habitación durante las noches y los asusta. Puede ser un espectro, un fantasma, un vampiro o cualquier otra cosa, pero al fijarlos sobre el papel quedan conjurados. Donde esté la imagen permanecerá para siempre la terrorífica aparición.

Cuando todos hayan terminado bailarán en corro alrededor de los dibujos sacándoles la lengua y haciéndoles dos palmos de narices. Si los niños quieren, se consentirá que les griten y los insulten.

Una vez hayan bailado y se hayan desahogado, se cuelgan los dibujos de unos globos atándolos con un trozo de hilo y se deja que suban hacia el cielo mientras los pequeños se despiden de ellos. ¡Que se larguen y que no regresen nunca!

EDAD: **3 años o más**
PARTICIPANTES: **uno o más niños**
MATERIAL: **papel, lápices, dos globos para cada niño, un carrete de hilo**
TIEMPO: **unos 20 minutos**
LUGAR: **al aire libre, donde no se les moleste**

¿Quién tiene miedo en el laberinto?

En sus juegos los niños sienten a menudo las cosquillas del miedo de una forma placentera, puesto que «todo es mentira». A veces el hormigueo puede más (escondite, juegos a oscuras), pero así es como aprenden a soportarlo sin quedar clavados en el suelo de terror.

El adulto coloca las sillas de manera que definan un recorrido, el cual se marcará atando los respaldos con un cordel, que además va a servir de orientación. Los niños juegan en parejas. Uno de ellos se sitúa a la entrada del laberinto y cierra los ojos. El otro dirige a su compañero hablándole exclusivamente. Todos los jugadores van entrando uno tras otro en el recorrido, de manera que los «lazarillos» se verán obliga-

EDAD:	3 años o más
PARTICIPANTES:	2 o más niños
MATERIAL:	muchas sillas y un cordel
TIEMPO:	unos 15 minutos
LUGAR:	habitación grande

dos a levantar bastante la voz. Cuando se desoriente alguno, puede abrir los ojos un instante si nota mucho miedo. Una vez llegados todos a la meta, se permutan los roles, y cuando todos los niños hayan hecho el recorrido se reunirán a cambiar impresiones. Se trata de describir las sensaciones experimentadas con la mayor exactitud posible. ¿Han pasado miedo? ¿En qué momento? El confiar en la ayuda de otro ¿hasta qué punto remedia la situación?

Pronto dejará de darme miedo

A veces los temores desaparecen solos, aunque cueste creerlo cuando uno está temblando y no da pie con bola. Con la idea siguiente se les ofrece a los niños la oportunidad de observar directamente el cambio.

Los niños dedicarán un rato a pensar cuál es el temor del que desearían librarse. Lo comentan entre ellos. Deben procurar describir de la manera más concreta posible cuándo se les presenta ese temor y qué sensaciones les produce. Algunos posiblemente deberán observarse a sí mismos durante un par de días para responder a estas cuestiones.

Cuando todos los niños se hayan contado mutuamente de qué tienen miedo, pintarán la situación que lo motiva en el pañuelo de papel, o le pedirán a la persona adulta que lo escriba. Por último, se envuelve con el papel la canica de plástico y se entierra en la jardinera con turba.

Los niños excavan un poco la tierra y colocan la jardinera. Finalmente, plantan en el lugar una flor, o lo marcan con una piedra un poco grande y vistosa. Seis meses más tarde, los niños regresarán al lugar y cada uno excavará y podrá recuperar su canica, ¡pero el miedo habrá desaparecido! Para terminar, que deliberen sobre el uso que se dará a las canicas, seguro que se les ocurre una buena idea.

EDAD:	4 años o más
PARTICIPANTES:	uno o más niños
MATERIAL:	rotulador, pañuelo de papel, una jardinera pequeña llena de turba, unas piedras o una planta en flor, y una canica de plástico para cada niño (de diferentes colores, Ø 1 cm aprox.)
TIEMPO:	unos 10 minutos
LUGAR:	un lugar al aire libre que se pueda marcar para recordarlo después

Me atrevo

Una prueba de valor muy especial. Aunque sepan que este «túnel del terror» ha sido preparado por los adultos, les dará miedo igual y tendrán que superarse a sí mismos.

Se deja la habitación en penumbra. Detrás de la entrada se habrán colgado del techo muchos hilos de lana. Dentro de la habitación se marca un recorrido mediante colgaduras. Los niños entran uno a uno. Los adultos se esconden detrás de algunas colgaduras. Hay que pisar una alfombra de piel con los pies descalzos, o pasar por entre colgantes de lana. Un adulto roza al expedicionario con la rama seca; otro le salpica la cara con un poco de agua. Por último, el niño se hallará de pronto frente a un espejo y verá su propia imagen.

Todos los adultos aplauden con entusiasmo y hacen saltar al pequeño con tres «hurras» porque ha demostrado su valor cruzando el túnel del terror.

EDAD:	**3 años o más**
PARTICIPANTES:	**uno o más niños**
MATERIAL:	**muchas telas, cuerda y pinzas de tender la ropa, lanas, pieles, rama, palangana con agua, un espejo grande...**
TIEMPO:	**unos 20 minutos**
LUGAR:	**habitación que se pueda dejar a oscuras con facilidad**

NOTA

Como es obvio, no se debe obligar a ningún niño que se niegue a participar en el juego. Si alguno prefiere no entrar, los adultos y los compañeros deben respetarlo y no significa que sea un «gallina».

Fantasma de recortes

Al andar por lo oscuro, a muchos niños la fantasía les gasta malas pasadas. De pronto, la cortina que está detrás del armario parece un fantasma, o la chaqueta caída en el suelo se les antoja un león al acecho. Objetos absolutamente normales adquieren de repente un aspecto amenazador. Como sucede en este juego.

Se amontonan los papeles de colores en el centro de la mesa. Los niños se agrupan y soplan, primero uno a uno y luego todos juntos, removiendo los recortes.

EDAD:	**3 años o más**
PARTICIPANTES:	**2 o más niños**
MATERIAL:	**para cada niño, una pajita de sorber refrescos y un puñado de recortes de papel o confeti**
TIEMPO:	**unos 10 minutos**
LUGAR:	**una mesa**

A una señal del adulto interrumpen esta actividad y contemplan el resultado. ¿Se adivina alguna figura, una cara, la silueta de un animal? Después de pensarlo un rato, se vuelven a reunir los recortes para repetir la operación.

Si se quiere, niños y adultos aprovechan el juego para comentar, al final, si alguna vez se han asustado al tropezarse en la oscuridad con un objeto que al encender la luz se reveló totalmente inofensivo.

Conjuros para darse valor

Los niños atribuyen mucho valor a los ritos y las frases mágicas. El adulto, aunque no les vea mucho sentido, no debe obligarlos a prescindir de esa pequeña ayuda. Para los pequeños, una fórmula mágica es como la pata de conejo que le ofrecen a uno cuando va a una entrevista difícil, y aunque sepa perfectamente que no tiene ninguna eficacia mágica, se la guarda en el bolsillo.

Los niños se sientan en corro y hablan de las personas o las imágenes que les dan miedo. No es necesario que sean personajes reales, pueden ser sacados de la televisión o de la tienda de juguetes. Cuando hayan sido mencionados algunos nombres y los pequeños hayan comentado qué es lo que tienen de particular para ellos, tratarán de imaginar qué podría dar miedo a esos personajes. Al fin y al cabo, las personas mayores e incluso la fieras por más poderosas que sean también tienen miedo de algo.

EDAD:	3 años o más
PARTICIPANTES:	uno o más niños
MATERIAL:	ninguno
TIEMPO:	unos 10 minutos
LUGAR:	donde no se les moleste

De esta manera habrán identificado «antídotos» contra lo que da miedo, como el crucifijo o la ristra de ajos contra el vampiro, y cada vez le asociarán un conjuro como:

De aquí para allá, en un cordero te convertirás

o

Ángel de la guarda, espántame ese fantasma

Contra el miedo, el collar del valor

En algunas situaciones se imponen los grandes remedios,
como este «collar del valor».

Los niños se sientan en corro y cada uno toma dos abalorios de la caja. El adulto habrá preparado el hilo de nailon anudando el primer abalorio de manera que los siguientes no se caigan.

El primer niño toma en la mano uno de sus abalorios y lo presenta sobre la palma de la mano. Lo cubre con la otra mano y dice:

Perla que estás en mi mano,
me alegro de haberte encontrado,
yo aquí te regalo mi valor,
guárdamelo para otra ocasión.

EDAD:	3 años o más
PARTICIPANTES:	2 o más niños
MATERIAL:	muchos abalorios grandes y un hilo de nailon fuerte (cuerda de guitarra)
TIEMPO:	unos 20 minutos
LUGAR:	donde no se les moleste

Seguidamente, el niño cuenta en voz alta una situación en la que se portó como un valiente y soplará sobre el abalorio que tiene en las manos. El adulto le pasa el hilo y el niño enhebra en él su abalorio. Hecho esto le toca el turno al siguiente.

Cuando quede terminado el collar, se guarda en una caja decorativa y los niños podrán pedirlo prestado en las ocasiones que requieran una valentía especial.

NOTA

Si el número de niños no es suficiente para fabricar un collar, elegiremos los abalorios más bonitos para dotarlos de eficacia mágica mediante el ritual y completamos la sarta con bolas blancas «normales».

Acerca de la autora

HEIKE BAUM

Nacida en 1963, la autora es diplomada en pedagogía del juego y dinámica de grupos, así como supervisora colegiada. Como profesional autónoma de la enseñanza, desde hace más de diez años dirige seminarios sobre todos los aspectos de la práctica pedagógica y terapéutica, con especial atención a los temas de la emotividad, como son la pena, la cólera y el miedo. Como resultado de su larga experiencia con niños y adolescentes, atribuye gran importancia a los temas intrapsíquicos y emocionales de dichas edades, que por lo general suelen pasar desapercibidos.

Tiene publicadas numerosas obras de pedagogía general y lúdica, con frecuencia dedicadas a temas originales e innovadores. Es inventora de juegos de sobremesa.

Doy las gracias a mi editora Heike Mayer por su profesionalidad irreprochable y las constructivas y fructíferas críticas con que ha contribuido en gran medida a la calidad de este libro.

EDUCACIÓN | Niños de 3 a 7 | EMOCIONAL

Títulos publicados:

1. **¿Está la abuelita en el cielo? Cómo tratar la muerte y la tristeza** - *Heike Baum*

2. **¡Con ése no quiero jugar! Cómo tratar el rechazo y la discriminación** - *Heike Baum*

3. **¡No he dicho ninguna mentira! Cómo tratar la mentira y la verdad** - *Heike Baum*

4. **¡Estoy furioso! Cómo tratar la cólera y la agresividad** - *Heike Baum*

5. **¡Mamá, siempre me está molestando! Cómo tratar los celos y las peleas entre hermanos** - *Heike Baum*

6. **¡Lo quiero ahora! Cómo tratar la impaciencia, la frustración y las rabietas** - *Heike Baum*

7. **¡No apagues la luz! Cómo tratar el miedo y la inseguridad** - *Heike Baum*

8. **¡Sentado me aburro! Cómo tratar la hiperactividad y la falta de atención** - *Heike Baum*